LE JEU
DE ROBIN ET MARION

TRADUCTIONS DES CLASSIQUES FRANÇAIS
DU MOYEN AGE
publiées sous la direction de Jean DUFOURNET

IX

ADAM LE BOSSU

LE JEU
DE ROBIN ET MARION

traduit par

Mme ANNETTE BRASSEUR-PÉRY

PARIS
LIBRAIRIE HONORÉ CHAMPION, ÉDITEUR
7, QUAI MALAQUAIS (VIᵉ)
—
1984

ISBN 2-85203-005-5 – ISSN 0180-4707

INTRODUCTION

Le *Jeu de Robin et Marion* est un charmant divertisse-
ment qui fut probablement composé durant un séjour
d'Adam de la Halle auprès du Comte D'Artois en Italie
du Sud. Ce séjour se situerait entre les années 1282 et 1289.
Cette composition en « terre lointaine » explique les traits
essentiels de ce Jeu : aucune satire, aucune réflexion pro-
fonde, mais simplement des personnages qui dialoguent
gaiement, qui se cherchent sans anxiété, qui chantent et
dansent avec entrain. Une place importante est réservée
à des pastourelles que tous les Français de l'époque con-
naissaient et appréciaient, mais pour ne pas accroître les
nostalgies, Adam de la Halle a eu soin de donner à ces
chants une vie nouvelle en les faisant dire très naturelle-
ment par des personnages respirant la santé et la joie de
vivre, que ce soit Marion, la sympathique bergère si déli-
cieusement amoureuse du plus beau garçon du village et
de surcroît le meilleur danseur, Robin, ou le Chevalier fort
joli cœur, ou encore Gautier, Baudon et Huart, lourdauds
à souhait, dont les grosses plaisanteries devaient faire rire
un public habitué à la vie un peu rude des guerriers. Adam
de la Halle a donc réussi, tout en gardant le frais parfum
des provinces françaises, à dépayser son auditoire et à l'in-
téresser à un genre nouveau : la pastourelle dramatique.

Ce n'est pas une adaptation de ce Jeu que nous allons
soumettre au lecteur mais une traduction. Pour mettre au

point ce travail, nous avons fait appel à l'édition d'Ernest Langlois dans les Classiques français du Moyen Age (Paris, 1964) et nous avons consulté avec profit l'adaptation du *Jeu de Robin et Marion* publiée par le même auteur aux éditions De Boccard (Paris, 1964). Nous nous sommes efforcé de suivre le texte de très près, de respecter non seulement le vocabulaire utilisé mais aussi le style de l'auteur. Nous n'avons établi aucune coupure, aucune subdivision et nous n'avons précisé aucun jeu de scène. Nous avons voulu ainsi conserver la physionomie originelle du texte. Nous avons cru utile d'éclairer, par quelques notes au bas des pages, la signification de certains mots ou expressions qui peuvent poser des problèmes au lecteur moderne. Comme dans l'édition d'Ernest Langlois, les parties chantées sont imprimées en italique.

TRADUCTION

PERSONNAGES

MARION, jeune bergère, amie de Robin.

ROBIN, jeune paysan, ami de Marion.

LE CHEVALIER.

PERONNELLE, jeune bergère, amie de Marion.

GAUTIER, dit GAUTIER LE TÊTU, jeune paysan, cousin de Robin.

BAUDON, jeune paysan, cousin de Robin.

HUART, jeune paysan, ami de Robin.

DEUX JOUEURS DE CORNET.

LE JEU DE ROBIN ET MARION

Marion.

Robin m'aime, Robin m'a ;
Robin m'a demandée, et il m'aura.
Robin m'a acheté une petite robe
D'étoffe bonne et belle,
5 *Une robe longue et une petite ceinture.*
     A leur y va ! [1]
Robin m'aime, Robin m'a ;
Robin m'a demandée, et il m'aura.

Le Chevalier.

Je m'en revenais du tournoi,
10 *Et je trouvai, toute seule, Marotte* [2] *au corps gracieux.*

Marion.

Hé ! Robin, si tu m'aimes,
De grâce, emmène-moi.

---

1. **Refrain qui n'a pas de sens comme bien souvent dans la chanson
populaire :**
        cf. tradéridera... loula la lère.
2. Diminutif de Marie très fréquent dans la pastourelle.

LE CHEVALIER.

Bergère, Dieu vous donne une bonne journée !

MARION.

Dieu vous garde, seigneur !

LE CHEVALIER.

15 De grâce, douce jeune fille, dites-moi pourquoi vous
chantez cette chanson si volontiers et si souvent :
Hé ! Robin, si tu m'aimes,
De grâce, emmène-moi.

MARION.

20 Cher Seigneur, j'ai de bonnes raisons pour cela, car j'aime
mon petit Robin et il m'aime, et il m'a bien montré qu'il
m'aime : il m'a donné cette panetière, cette houlette
et ce couteau.

LE CHEVALIER.

25 Dis-moi, n'as-tu pas vu un oiseau voler au-dessus de ces
champs ?

MARION.

Si, seigneur, j'en ai vu je ne sais combien. Il y a, en
ce moment, dans ces buissons, des chardonnerets et
30 des pinsons qui chantent fort joyeusement.

LE CHEVALIER.

Par Dieu, jolie fille [1], ce n'est pas cela que je te demande.
Mais n'as-tu pas vu, par là-bas, du côté de cette prairie
au bord de la rivière, une cane ?

---

1. Littéralement : « belle au joli corps ».

MARION.

35 C'est une bête qui brait [1] ? J'en ai vu hier, trois sur
ce chemin, bien chargées, aller au moulin. C'est cela
que vous demandez ?

LE CHEVALIER.

Me voilà fort bien renseigné ! Dis-moi, tu n'as pas vu
40 de héron ?

MARION.

Des harengs [2], seigneur ? Ma foi, non ; je n'en ai pas vu
un seul depuis le carême où j'en ai vu manger chez
dame Emme [3], ma grand'mère à qui appartiennent
ces brebis.

LE CHEVALIER.

45 Ma foi, me voilà bien déconcerté, jamais on ne s'est
tant moqué de moi.

MARION.

Seigneur, par la foi que vous me devez, qu'est-ce que
c'est que cette bête qui est sur votre main ?

LE CHEVALIER.

C'est un faucon.

1. Dans la traduction, il est impossible de conserver le jeu de mots
sur « ane » et « recane ». En effet, en ancien français, il existait deux
homonymes : asne (s ne se prononçait plus dans cette position) et
ane = canard (cf. bédâne — altéré en bec d'âne d'où son accent cir-
conflexe — qui sert à désigner un outil de menuisier dont la lame est
en bec de canard). Ici Marion confond les deux termes et comprend
« asne » ce qui explique la présence du verbe « recane » au vers suivant.

2. De nouveau un jeu de mots que nous n'avons pas pu conserver,
sur « hairon », le héron, et « herens », les harengs. Cette confusion de
Marion repose sur la prononciation de ces mots qui ont la même voyelle
initiale et des finales aux sonorités voisines.

3. Nom de l'Artois.

MARION.

Mange-t-il du pain ?

LE CHEVALIER.

50 Non, mais de la bonne viande.

MARION.

Cette bête-là ? Regarde ! Elle a une tête en cuir [1] ! Et où allez-vous ?

LE CHEVALIER.

Dans la prairie, au bord de l'eau.

MARION.

Robin n'est pas comme cela ; il est bien plus amusant.
55 Il met de l'animation dans notre village quand il joue de sa musette [2].

LE CHEVALIER.

Dites-moi donc, douce bergerette, aimeriez-vous un chevalier ?

MARION.

Cher seigneur, retirez-vous. Je ne sais pas ce que c'est
60 qu'un chevalier. Plus que tout homme au monde, j'aime Robin et ne saurais aimer que lui. Il a l'habitude de
65 venir me voir, chaque jour, soir et matin, et il m'apporte

---

1. L'attention de Marion est attirée par le « chaperon », petite coiffe de cuir souple que l'on mettait aux faucons pour les dresser.

2. Instrument à vent assez semblable à la cornemuse. Toutefois à la différence de la cornemuse, le réservoir d'air maintenu sous la pression du bras gauche est actionné, non par le souffle humain, mais par un soufflet attaché à la ceinture du joueur et mû par le bras droit de ce dernier.

de son fromage. J'en ai encore dans mon sein [1], ainsi
qu'un gros morceau de pain qu'il m'a apporté pour le
dîner.

LE CHEVALIER.

70 Dites-moi donc, douce bergère, voudriez-vous venir avec
moi vous promener [2] sur ce beau palefroi, le long de
ce bosquet, dans ce vallon ?

MARION.

Aïe ! Messire, retirez votre cheval : il a failli me blesser.
75 Celui de Robin ne rue pas quand je marche derrière
sa charrue.

LE CHEVALIER.

Bergère, devenez mon amie, et faites ce dont je vous
prie.

MARION.

80 Seigneur, éloignez-vous de moi ; il ne convient pas que
vous soyez ici. Votre cheval a failli me donner un
coup. Comment vous appelle-t-on ?

LE CHEVALIER.

Aubert.

MARION.

Vous vous donnez du mal pour rien, sire Aubert ;
Je n'aimerai personne d'autre que Robert.

---

1. Que le lecteur ne soit pas choqué ! Au Moyen Âge, les poches
n'existant pas, on utilisait des panetières et des aumônières. Mais à
défaut de celles-ci, on faisait appel au corsage.

2. Traduction du verbe « jüer » qui, outre les sens conservés de nos
jours signifiait « se donner du mouvement, prendre ses ébats, gam-
bader ».

LE CHEVALIER.

85 Non, bergère ?

MARION.

Non, par ma foi.

LE CHEVALIER.

Croiriez-vous déroger en m'écoutant, vous qui rejetez
si loin ma prière ? Je suis chevalier et vous bergère.

MARION.

Je ne vous aimerai pas pour autant.
90 *Je suis une bergeronnette, mais j'ai*
Un bel ami, gracieux et enjoué.

LE CHEVALIER.

Bergère, que Dieu vous donne bien du plaisir ! Puis-
qu'il en est ainsi, je vais poursuivre mon chemin.
Désormais, je ne vous dirai plus rien.
95 *Trairire deluriau deluriau delurele,*
Trairire deluriau deluriau delurot.
Ce matin, je chevauchais à la lisière d'un bois,
Je trouvai une jolie bergère, jamais roi n'en vit de si
belle.
Hé! Trairire deluriau deluriau delurele,
100 *Trairire deluriau deluriau delurot.*

MARION.

Hé! Robechon [1],
Leure leure va.
Viens donc avec moi,
Leure leure va. [2]

1. Diminutif de Robin.
2. Voir note 1, page 11.

105
Et nous irons jouer
Du leure leure va,
Du leure leure va.

ROBIN.

Hé! Marion,
Leure leure va.

110
Je vais avec toi,
Leure leure va.
Et nous irons jouer
Du leure leure va,
Du leure leure va.

MARION.

115 Robin !

ROBIN.

Marotte !

MARION.

D'où viens-tu ?

ROBIN.

Par le saint Dieu [1], j'ai ôté ma casaque parce qu'il
fait froid, à la place j'ai mis ma robe de bure, et je
t'apporte des pommes. Tiens.

MARION.

120 Robin, je t'ai très bien reconnu à ta façon de chanter,
alors que tu t'approchais. Et toi, tu ne me reconnais-
sais pas ?

1. Les scribes picards confondant les graphies « ain » et « ein », on
serait tenté de traduire « par le sein de Dieu » (cf. par la boche Dieu —
par les iex Dieu). Cependant, le tableau des variantes publié par E. Langlois nous indique que les deux autres mss donnent la leçon « saint ».
Or, lorsque le ms A s'accorde avec un des deux autres, on peut, selon
E. Langlois, reconstituer le texte ancien. D'après cette règle, le texte
primitif est « saint ». La graphie « sain » pourrait s'expliquer par la
chute du t dans un groupe de mots.

2

ROBIN.

Que si, à ton chant et à tes brebis.

MARION.

125   Robin, tu ne sais pas, mon cher ami, mais n'y vois pas
de mal : il est venu ici un homme à cheval qui avait
enfilé une moufle [1], et portait une sorte de milan [2] sur
130   son poing, et il m'a fort priée de l'aimer ; mais ce fut
en pure perte, car je ne te ferai aucun tort.

ROBIN.

Marotte, tu m'aurais tué. Mais si j'étais arrivé là à
temps avec Gautier le Têtu et Baudon mon cousin
135   germain, les diables s'en seraient mêlés : pour sûr,
il ne s'en serait pas sorti sans qu'il y ait eu bataille.

MARION.

Robin, mon cher ami, ne te fais pas de souci, mais
amusons-nous donc ensemble.

ROBIN.

140   Est-ce que je serai debout ou à genoux ?

MARION.

Viens plutôt t'asseoir ici, à côté de moi et nous mangerons.

ROBIN.

Je le veux bien ; je vais m'asseoir ici à tes côtés ; mais
145   je ne t'ai rien apporté ; certes, je t'ai fait un grand
affront.

1. Marion confond la moufle de cuir utilisée par les paysans dans leurs
travaux et le gant de cuir sur lequel les chasseurs portent les oiseaux
de proie.
2. La bergère ne distingue pas le faucon du milan. Elle ignore que le
milan, rapace au vol lourd, ne peut être utilisé pour la chasse.

MARION.

Ne t'en fais pas, Robin, j'ai encore du fromage ici, dans mon sein [1], et un gros morceau de pain, et des pommes que tu m'as apportés.

ROBIN.

150 Dieu ! que ce fromage est gras ! Ma sœur, mange.

MARION.

Et toi aussi. Si tu veux boire, dis-le : voici de l'eau dans un pot.

ROBIN.

Dieu ! Si l'on avait à présent du lard salé [2] de ta
155 grand'mère, il viendrait bien à point.

MARION.

Mon petit Robin, nous n'en aurons pas, car il pend très haut à ses chevrons [3]. Contentons-nous de ce que nous avons, c'est suffisant pour la matinée.

ROBIN.

160 Dieu ! que j'ai le ventre fatigué par la partie de cholette [4] de l'autre jour.

1. Voir note 1, page 15.
2. Nourriture des foyers modestes.
3. Une des pièces de bois qui servent à soutenir la toiture.
4. Jeu qui connut un très vif succès au Moyen Âge, dans le Nord de la France, où il est encore pratiqué dans quelques villages, en particulier le Mercredi des Cendres. Ce jeu consiste à lancer une petite boule de bois (chole ou cholet), non pas à la main, mais à l'aide d'une petite crosse.

MARION.

Dis, Robin, par la foi que tu me dois, tu as joué à la
cholette ? [1] Que Dieu t'en récompense !

ROBIN.

Vous l'entendrez bien dire,
165   *Ma belle, vous l'entendrez bien dire.*

MARION.

Dis, Robin, veux-tu manger davantage ?

ROBIN.

Non, vraiment.

MARION.

Je mettrai donc de côté ce pain et ce fromage dans mon
sein [2], jusqu'à ce que nous ayons faim.

ROBIN.

170   Mets-les plutôt dans ta panetière.

MARION.

Et la voici. Robin, quelle tête ! Ordonne et commande,
j'exécuterai.

ROBIN.

Marotte, moi je vais te mettre à l'épreuve, pour voir
175   si tu es ma loyale petite amie, car tu as trouvé en
moi un petit ami.
Bergeronnette,
Douce jeune fille,

1. Voir note 4, page 19.
2. Voir note 1, page 15.

Donnez-la moi, votre petite couronne,
Donnez-la moi, votre petite couronne.

MARION.

180   *Robin, veux-tu que je la mette*
Sur ta tête en gage d'amour ?
M'aimeras-tu mieux si je l'y mets ?
M'aimeras-tu mieux si je l'y mets ?

ROBIN.

Oui, vous serez ma petite amie,
185   *Vous aurez ma petite ceinture,*
Ma bourse et ma broche.
Bergeronnette,
Douce jeune fille,
Donnez-la moi, votre petite couronne,
190   *Donnez-la moi, votre petite couronne.*

MARION.

Volontiers, mon cher petit ami.
Robin, amuse-nous un peu.

ROBIN.

Avec les bras ou avec la tête, que veux-tu ? Je te dis
195   que je sais tout faire. Ne l'as-tu pas entendu
raconter ?

MARION.

Robin, par l'âme de ton père,
Sais-tu bien danser ?

ROBIN.

Oui, par l'âme de ma mère.
Regarde comme cela me va

100 *En avant et en arrière,*
   Ma belle, en avant et en arrière.

MARION.

Robin, par l'âme de ton père,
Fais-nous donc la « danse de la tête ». [1]

ROBIN.

Marotte, par l'âme de ma mère,
205 *J'en viendrai très bien à bout.*
   Y fait-on une telle mine ?
   Ma belle, y fait-on une telle mine ?

MARION.

Robin, par l'âme de ton père,
Fais-nous donc la « danse des bras » [2].

ROBIN.

210 *Marotte, par l'âme de ma mère,*
   Tout comme tu voudras.
   Est-ce la bonne manière ?
   Ma belle, est-ce la bonne manière ?

---

1. En Ancien Français, « tour du kief » : On appelait « tour » ou « tor » des pas en rond exécutés par une personne seule, sans accompagnement musical. Les « tors » les plus célèbres étaient : les tors de Mes (Metz), de Loheraine, de Champenois, de Bretaigne et d'Espaigne. Le tour dont il s'agit ici n'est pas défini par son lieu d'origine mais au moyen de la partie du corps qui domine durant son exécution (le pas en rond étant probablement accompagné d'une flexion latérale du tronc, de fléchissements de la tête et de jeux multiples de physionomie).

2. En Ancien Français, « tour des bras » : Pas en rond accompagnés d'une gymnastique plus ou moins anarchique des bras. Cette pantomime devait ressembler étrangement à la « danse des mains », héritée des Grecs, mais le geste avait sans doute une force d'expression plus grande.

MARION.

Robin, par l'âme de ton père,
215 *Sais-tu danser le touret ?* [1]

ROBIN.

Oui, par l'âme de ma mère.
Et moi, est-ce que je ne suis pas un beau garçon
Par devant et par derrière ?
Ma belle, par devant et par derrière ?

MARION.

220 *Robin, par l'âme de ton père,*
Sais-tu danser aux sériaux [2] *?*

ROBIN.

Oui, par l'âme de ma mère,
Mais j'ai bien moins de cheveux
Devant que derrière,
225 *Ma belle, devant que derrière.*

MARION.

Robin, sais-tu mener la farandole ?

ROBIN.

Oui, mais le chemin est tout mouillé et mes houseaux
sont déchirés.

1. Il est possible qu'il s'agisse d'une danse avec pas en rond nécessitant, à la place de la gesticulation, un demi-tour du danseur sur lui-même.

2. En Ancien Français, « baler as seriaus » : « Baler » est réservé au Moyen Age à l'exécution de danses populaires par opposition à « dancier » utilisé pour les danses de société. Après toute une rude gymnastique, on observait des temps de repos marqués par une danse au pas plus régulier et plus rythmé. Le terme « seriaus » nous est inconnu. La traduction d'Ernest Langlois par « assemblée, réunion du soir », ne nous semble pas convaincante. D'après le contexte, il pourrait s'agir d'une danse exécutée la tête en arrière.

MARION.

Nous sommes très bien équipés : ne te fais pas de souci,
230 fais-la donc, je t'en prie.

ROBIN.

Attends, je vais chercher le tambourin [1] et la musette [2]
au gros bourdon [3], et j'amènerai ici Baudon, si je
235 peux le trouver, et Gautier. Ils me seraient d'un
grand secours si le chevalier revenait.

MARION.

Robin, dépêche-toi de revenir, et si tu trouves Péron-
240 nelle, ma petite compagne, appelle-la donc : la société
en sera plus agréable. Elle habite derrière les jardins
par où l'on va au moulin de Roger. Hâte-toi donc.

ROBIN.

Laisse-moi me retrousser. Je ne m'arrêterai pas de cou
rir.

MARION.

Va donc.

ROBIN.

245 Gautier, Baudon, êtes-vous là ? Ouvrez-moi vite la porte,
chers cousins.

GAUTIER.

Sois le bienvenu, Robin. Qu'as-tu pour être ainsi essouf-
flé ?

---

1. Le tambour du Moyen Âge correspondait au tambourin de l'antiquité (tympanum) et non au tambour actuel qui n'a fait son appa-
rition en Europe que vers la fin du Moyen Âge.

2. Voir note 2, page 14.

3. Tuyau sonnant à vide et produisant un son grave qui sert d'accompagnement uniforme.

ROBIN.

250 Ce que j'ai ? Hélas ! Je suis si fatigué que je ne peux
reprendre haleine.

BAUDON.

Dis-nous si on t'a battu.

ROBIN.

Non, pas du tout.

GAUTIER.

Dis vite si on t'a fait quelque mal.

ROBIN.

Mes amis, écoutez un peu. Je suis venu ici vous cher-
255 cher tous deux, car je ne sais quel individu à cheval
vient de prier d'amour Marotte, et je crains encore qu'il
ne repasse par là.

GAUTIER.

S'il y va, il le paiera.

BAUDON.

260 Oui, assurément, par ma tête !

ROBIN.

Ce sera vraiment jour de fête, chers amis, si vous y
venez, car Huart et vous y serez, ainsi que Péronnelle.
265 Ça ne fait pas du monde ? Et vous aurez du pain de
froment, du bon fromage et de l'eau claire.

BAUDON.

Ah ! cher cousin, emmène-nous y donc.

ROBIN.

Vous deux, vous irez de ce côté, tandis que moi, je
m'en irai chercher Huart et Péronnelle.

BAUDON.

270   Va donc, va ; et nous, nous nous en irons par là, du
côté du chemin qui conduit à la Pierre [1], et j'apporterai
ma fourche à dents de fer.

GAUTIER.

Et moi, mon gros bâton d'épine, qui est chez Bour-
275 guet, ma cousine.

ROBIN.

Hé ! Péronnelle ! Péronnelle !

PÉRONNELLE.

Robin, c'est toi ? Quelle nouvelle ?

ROBIN.

Tu ne sais pas ? Marotte te demande, et nous allons
avoir une très grande fête.

PÉRONNELLE.

Et qui y sera ?

ROBIN.

280   Toi et moi ; et nous aurons aussi Gautier le Têtu,
Baudon, Huart et Marotte.

PÉRONNELLE.

Est-ce que je mettrai ma belle robe ?

ROBIN.

285   Non, Perrette, pas du tout, car cette casaque te va
très bien.
Dépêche-toi donc, je pars en avant.

1. La Pierre : lieu-dit.

PÉRONNELLE.

Va, je te suivrais à l'instant si j'avais tous mes agneaux.

LE CHEVALIER.

290   Dites, bergère, n'êtes-vous pas celle que j'ai vue ce
matin ?

MARION.

Par Dieu, sire, passez votre chemin, et vous agirez
très courtoisement.

LE CHEVALIER.

Certes, chère et très douce amie, je ne le dis pas en
295   mauvaise part, mais je cherche par ici un oiseau por-
tant un grelot [1].

MARION.

Allez le long de cette petite haie, je crois que vous
l'y retrouverez, il vient d'y voler à l'instant.

LE CHEVALIER.

C'est vrai, n'est-ce pas ?

MARION.

300   Oui, à coup sûr.

LE CHEVALIER.

Certes, je me soucierais fort peu de l'oiseau, si j'avais
une aussi belle amie.

MARION.

Par Dieu, sire, passez votre chemin, car j'ai très peur.

---

1. Le faucon portait à la patte un grelot (appelé nole ou campa-
nelle) qui permettait de le retrouver quand il s'égarait.

LE CHEVALIER.

De qui ?

MARION.

305   Certes, de Robechon.

LE CHEVALIER.

De lui ?

MARION.

Assurément, s'il savait cela, jamais plus il ne m'aimerait, et je n'aime personne autant que lui.

LE CHEVALIER.

310   Vous n'avez personne à redouter, si vous voulez me prêter quelque attention.

MARION.

Seigneur, vous nous ferez surprendre ; allez-vous en, laissez-moi tranquille, car je n'ai que faire de vous parler. Laissez-moi m'occuper de mes brebis.

LE CHEVALIER.

315   Vraiment, je suis bien bête d'abaisser mon esprit au niveau du tien !

MARION.

Allez-vous en donc et vous ferez bien ; d'ailleurs, j'entends des gens qui viennent ici.
J'entends Robin jouer du flageolet d'argent,
320   *Du flageolet d'argent.*
Par Dieu, seigneur, allez-vous en donc !

LE CHEVALIER.

Bergerette, adieu. Je ne vous ferai pas d'autre vio-
325 lence. Ah ! sale rustre, malheur à toi ! Pourquoi

assommes-tu mon faucon ? Si l'on te donnait un coup,
ce serait une bonne action !

ROBIN.

Ah ! seigneur, vous commettriez une faute. J'ai peur
qu'il ne m'échappe.

LE CHEVALIER.

330   Reçois en paiement cette gifle pour le traiter si gen-
timent.

ROBIN.

Haro ! Dieu ! Haro ! bonnes gens !

LE CHEVALIER.

Tu fais du tapage ? Prends cette claque !

MARION.

335   Sainte-Marie ! J'entends Robin ! Je crois qu'il est dans
une mauvaise passe ; j'aimerais mieux perdre mes brebis que de ne pas aller à son secours ! Hélas ! Je vois
le Chevalier ! Je crois que c'est à cause de moi qu'il
340   l'a frappé. Robin, cher ami, qu'est-ce qui t'arrive ?

ROBIN.

A coup sûr, chère amie, il m'a tué.

MARION.

Par Dieu, seigneur, vous avez tort de l'avoir ainsi
mis à mal.

LE CHEVALIER.

345   Mais voyez comment il a arrangé mon faucon !
Regardez bergère !

MARION.

Il ne sait pas comment s'y prendre avec les faucons :
par Dieu, seigneur, pardonnez-lui donc.

LE CHEVALIER.

Volontiers, si vous venez avec moi.

MARION.

Absolument pas.

LE CHEVALIER.

350   Mais si ! Je ne veux pas avoir d'autre amie, et je veux
que ce cheval vous porte.

MARION.

A coup sûr, il faudra donc que vous me fassiez vio-
lence ! Robin, pourquoi ne viens-tu pas à mon secours ?

ROBIN.

355   Ah ! Hélas ! J'ai donc tout perdu ! Mes cousins arri-
veront ici trop tard ! Je perds Marotte, je reçois une
claque, et ma robe et mon surcot [1] sont déchirés !

GAUTIER.

Hé ! Réveille-toi, Robin,
Car on emmène Marotte,
360   *Car on emmène Marotte.*

ROBIN.

Baudon, Gautier, êtes-vous là ? J'ai tout perdu,
Marotte s'en va !

1. Sorte de corsage serré que l'on portait sur la robe.

GAUTIER.

Et pourquoi n'allons-nous pas la secourir ?

ROBIN.

365   Taisez-vous, il nous attaquerait, même si nous étions
quatre cents. C'est un chevalier qui a perdu la raison.
Et il a une très grande épée ! Il vient de me frapper
un tel coup sur la nuque que je le sentirai longtemps.

GAUTIER.

370   Si j'étais arrivé là à temps, il y aurait eu bataille.

ROBIN.

Regardons donc ce qu'ils vont faire ; je vous en prie,
375   embusquons-nous tous trois dérrière ces buissons ; car
je veux secourir Marion, si vous m'y aidez. J'ai repris
quelque peu courage.

MARION.

Cher seigneur, éloignez-vous de moi, et vous agirez
avec beaucoup de sagesse.

LE CHEVALIER.

380   Demoiselle, je n'en ferai rien, mais je vous emmè-
nerai avec moi, et ainsi je sais bien ce que vous aurez.
Ne soyez pas si hautaine à mon égard : prenez cet oiseau
385   des bords de l'eau que j'ai attrapé et mangez-en.

MARION.

J'aime mieux mon fromage gras, et mon pain et mes
bonnes pommes que votre oiseau avec toutes ses plumes ;
et vous ne pouvez me plaire en aucune façon.

LE CHEVALIER.

390   Qu'est-ce ? Ne pourrai-je donc rien faire qui puisse te
plaire ?

MARION.

Seigneur, soyez bien certain que non : Tous vos efforts
sont inutiles.

LE CHEVALIER.

395   Bergerette, que Dieu vous conseille ! Certes, je suis
bien bête de m'arrêter avec cette bête ! Adieu, bergère.

MARION.

Adieu, cher seigneur. Hélas ! Robin est maintenant
très triste, car il s'imagine bien m'avoir perdue.

ROBIN.

Hou ! Hou !

MARION.

400   Dieu ! C'est lui qui appelle là-bas ! Robin, mon cher
ami, comment cela va ?

ROBIN.

Marotte, je suis en bonne santé et guéri, puisque je
te vois.

MARION.

Viens donc ici, prends-moi dans tes bras.

ROBIN.

405   Volontiers, ma sœur, puisque cela t'est agréable.

MARION.

Voyez un peu ce petit sot qui m'embrasse devant tout
le monde !

GAUTIER.

Marotte, nous sommes de sa famille ; vous n'avez
absolument rien à craindre de nous.

MARION.

410 Je ne le dis pas pour vous, mais c'est un tel petit sot qu'il en ferait autant devant tous ceux de notre village.

ROBIN.

Bé ! Qui s'en abstiendrait ?

MARION.

415 Et encore ? Voyez comme il est entreprenant !

ROBIN.

Dieu ! Comme je serais vaillant à présent si le chevalier revenait !

MARION.

Vraiment, Robin, qu'est-ce que cela signifie ? En effet, tu ne sais pas par quelle ruse je me suis échappée.

ROBIN.

420 Je le sais bien, nous avons vu tout ton manège. Tu peux demander à Baudon, mon cousin, et à Gautier, s'ils n'ont pas eu de la peine à me retenir quand je t'ai 425 vue partir d'ici. Trois fois, je leur ai échappé à tous deux.

GAUTIER.

Robin, tu es très courageux ; mais, puisque l'affaire a bien tourné, elle doit être oubliée facilement, et personne ne doit désormais s'en soucier.

ROBIN.

430 Il nous faut attendre Huart et Péronnelle qui vont venir. Oh ! les voici.

3

MARION.

Ce sont bien eux.

ROBIN.

Dis, Huart, as-tu ta musette ? [1]

HUART.

Oui.

MARION.

Sois la bienvenue, Perrette !

PÉRONNELLE.

435   Marotte, que Dieu te bénisse !

MARION.

Tu t'es fait bien désirer. A présent, il est grand temps
de chanter.

*En pareille compagnie
On doit manifester une grande joie.*

BAUDON.

440   Sommes-nous tous là à présent ?

HUART.

Oui.

MARION.

Cherchons donc un jeu.

HUART.

Veux-tu jouer « aux Rois et aux Reines » ? [2]

---

1. Voir note 2, page 14.
2. Comme l'a fort bien montré E. LANGLOIS dans les Mélanges Cha-
baneau (Romanische Forschungen, tome 23), il ne s'agit pas du jeu
« des Rois et des Reines » ou plus exactement du « Roi et de la Reine »,
mais du jeu « du Roi qui ne ment », fondé pour l'essentiel sur des questions échangées entre le Roi qui ne ment et ses sujets. Ces questions,
bien souvent, ne concernaient que les amours des joueurs.

MARION.

Plutôt à des jeux qu'on fait aux étrennes, aux alentours de la veille de Noël.

HUART.

445 A Saint Côme [1].

BAUDON.

Je ne demande pas mieux.

MARION.

C'est un jeu grossier, on y salit les gens.

HUART.

Marotte, ne riez donc pas.

MARION.

Et qui nous l'expliquera ?

HUART.

450 Moi, fort bien. Quiconque rira quand il ira faire son offrande au saint, devra s'asseoir à la place de Saint Côme. Et que celui qui peut gagner, gagne.

GAUTIER.

Qui sera le saint ?

ROBIN.

Moi.

1. Les vers 449 à 452 donnent la règle de ce jeu très simple : un personnage assis au milieu de ses compagnons jouait le rôle du saint, c'est-à-dire faisait force grimaces pour obliger à rire ceux qui s'avançaient vers lui pour l'adorer et lui faire des offrandes ridicules. Celui qui riait devait prendre la place du saint. Ce jeu a eu longtemps du succès, puisque Gargantua le pratiquait encore, d'une manière, il est vrai, plus grossière.

BAUDON.

C'est bien ainsi. Gautier, faites votre offrande le premier.

GAUTIER.

455   Tenez, Saint Côme, ce présent, et si vous n'en avez pas assez, tenez.

ROBIN.

Oh ! il a perdu : il rit.

GAUTIER.

Certes, c'est juste.

HUART.

A toi, Marotte !

MARION.

Qui a perdu ?

HUART.

Gautier le têtu.

MARION.

460   Tenez, Saint Côme, cher et doux seigneur.

HUART.

Dieu ! Comme elle se retient de rire ! Qui y va ensuite ? Allez, Perrette.

PÉRONNELLE.

Cher seigneur Saint Côme, tenez, je vous apporte ce présent.

ROBIN.

465   Tu t'en tires bel et bien. Allez, Huart, et vous, Baudon.

BAUDON.

Recevez, Saint Côme, ce beau don.

GAUTIER.

Tu ris, ribaud, tu as donc perdu.

BAUDON.

Non pas.

GAUTIER.

Huart, à ton tour.

HUART.

470   J'y vais. Voici deux marcs [1].

GAUTIER.

Vous avez perdu.

HUART.

Allons, doucement, ne vous levez pas, car je n'ai pas
encore ri.

GAUTIER.

Qu'est-ce qu'il y a, Huart ? C'est une querelle ? Tu
475 veux toujours être battu. Maudite soit donc votre
venue ! Paie-le donc vite et sans difficulté.

HUART.

Je consens volontiers à le payer.

ROBIN.

Tenez, Saint Côme. C'est une querelle ?

MARION.

Ho ! mes amis, ce jeu est très grossier. N'est-ce pas,
Perrette ?

1. Monnaie de compte d'une valeur correspondant au même poids
de métal fin.

PÉRONNELLE.

480   Il ne vaut rien. Et sachez qu'il convient vraiment
que nous fassions d'autres petits jeux. Nous sommes ici
deux jeunes filles, et vous autres, vous êtes quatre.

GAUTIER.

485   Faisons un pet pour nous divertir. Je ne vois rien de
meilleur.

ROBIN.

Fi ! Gautier, c'est ainsi que vous savez vous amuser,
vous qui avez dit une telle grossièreté devant Marotte
490   mon amie ? Qu'il reçoive ma malédiction en pleine
figure, celui à qui cela est bel et bon ! Que cela ne vous
arrive plus jamais !

GAUTIER.

Je m'en passerai pour avoir la paix.

BAUDON.

Faisons donc un jeu.

HUART.

Lequel veux-tu ?

BAUDON.

495   Je veux, avec Gautier le Têtu, jouer aux « Rois et
aux Reines » [1] ; et je poserai de belles questions si vous
voulez me faire roi.

HUART.

Non, mon ami, par la foi que je vous dois, mais on
500   tirera au sort en comptant les mains.

1. Voir note 2, page 34.

GAUTIER.

Certes, tu parles bien, cher compagnon, et que celui qui aura dix, soit roi.

HUART.

Nous sommes tous bien d'accord là-dessus. Allons-y ! Mettons nos mains ensemble.

BAUDON.

505   Sont-elles bien ? Qu'en pensez-vous ? Lequel comencera ?

HUART.

Gautier.

GAUTIER.

Je commencerai volontiers. Prou[1].

HUART.

Et deux.

ROBIN.

Et trois.

BAUDON.

Et quatre.

HUART.

Continue à compter, Marotte, sans discuter.

MARION.

510   Très volontiers. Et cinq.

PÉRONNELLE.

Et six.

1. Équivalent de « un » encore utilisé, dans de nombreuses régions de France, par les enfants qui se mettent en rond pour désigner, à l'issue d'un compte, celui qui doit commencer le jeu.

GAUTIER.

Et sept.

HUART.

Et huit.

ROBIN.

Et neuf.

BAUDON.

Et dix. Hé! Hé! chers amis, je suis roi!

GAUTIER.

Par la mère de Dieu, c'est juste. Et nous tous, je crois,
y consentons.

ROBIN.

515   Portons-le bien haut et couronnons-le. Oh! C'est
bien!

HUART.

Hé! Perrette, donne donc au roi, je t'en prie, en guise
de couronne, ta couronne de paille.

PÉRONNELLE.

Tenez, roi.

LE ROI.

520   Gautier le têtu, venez à la cour, venez tout de suite.

GAUTIER.

Volontiers, sire. Commandez-moi quelque chose que
je puisse faire, et qui ne me soit pas désagréable : je le
ferai aussitôt pour vous.

LE ROI.

525   Dis-moi, est-ce que tu n'as jamais été jaloux? je
m'adresserai ensuite à Robin.

GAUTIER.

Oui, sire, parce que j'ai entendu, l'autre jour, un chien
frapper à la porte de la chambre de mon amie ; cela m'a
530 fait soupçonner que c'était un homme.

LE ROI.

A toi, Robin.

ROBIN.

Roi, sois le bienvenu, demande-moi ce qu'il te plaît.

LE ROI.

Robin, quand une bête vient au monde, à quoi recon-
nais-tu que c'est une femelle ?

ROBIN.

535   Cette question est belle et bonne !

LE ROI.

Réponds-y donc.

ROBIN.

Non, pas du tout ; mais si vous voulez le savoir, sire
roi, regardez-lui au cul. Vous n'obtiendrez pas d'autre
540 réponse de moi. Croyez-vous ici me faire honte ?

MARION.

Vraiment, il a raison.

LE ROI.

Qu'est-ce que cela peut vous faire ?

MARION.

Quelque chose, car la question est grossière.

LE ROI.

Et pourtant, Marotte, je veux qu'il exprime son désir.

ROBIN.

Je n'ose pas, sire.

LE ROI.

Non ? Va et prends donc Marion dans tes bras aussi
545 tendrement qu'il lui plaise.

MARION.

Regarde le sot, s'il ne m'embrasse pas !

ROBIN.

Assurément, non.

MARION.

Vous mentez sur ce point. Cela se voit encore : regar-
550 dez, je pense qu'il m'a mordue au visage.

ROBIN.

J'ai cru tenir un fromage, tant je t'ai sentie tendre
et molle. Approche-toi, ma sœur, et prends-moi dans
tes bras pour faire la paix.

MARION.

555   Va-t-en, diable, sot ! Tu es aussi lourd qu'un bloc.

ROBIN.

Allons, par Dieu !

MARION.

Vous vous fâchez ? Venez ici et calmez-vous, cher ami,
et moi je ne dirai plus rien. N'en soyez ni honteux ni
confus.

LE ROI.

560 Venez à la cour, Huart, venez.

HUART.

J'y vais, puisque vous le voulez.

LE ROI.

Par Dieu, dis-nous donc, Huart, ce que tu préfères
manger. Je saurai bien si tu me dis la vérité.

HUART.

565 Une bonne fesse de porc pesante et grasse, avec une
sauce forte à l'ail et aux noix [1]. Certes, j'en ai tellement
mangé l'autre jour que j'en ai eu la diarrhée.

LE ROI.

Hé ! Dieu, quelle belle venaison ! Ce n'est pas Huart
570 qui dirait le contraire.

HUART.

Perrette, allez à la cour.

PÉRONNELLE.

Je n'ose pas.

LE ROI.

Il le faudra bien, Perrette. Dis-moi donc, par la foi
que tu me dois, quel fut le plus grand plaisir d'amour
575 que tu aies jamais eu, en quelque lieu que tu fusses.
Dis-donc et je t'écouterai.

---

1. Au Moyen Age, comme dans l'Antiquité, on mangeait encore
beaucoup de sauces fortes qui servaient à rendre plus appétissants
des mets très gras. Les sauces les plus répandues étaient faites avec
de l'ail pilé.

PÉRONNELLE.

Sire, je le dirai volontiers : ma foi, c'est quand mon
580 ami qui m'appartient corps et âme, me tient compagnie dans les champs, près de mes brebis, plusieurs
fois, même très souvent, sans commettre de grossièretés.

LE ROI.

Rien que cela ?

PÉRONNELLE.

Oui, vraiment.

HUART.

Elle ment.

LE ROI.

585 Par le saint Dieu [1], je le crois bien. Marotte, allons,
viens à la cour, viens.

MARION.

Posez-moi donc une belle question.

LE ROI.

Volontiers. Dis-moi, Marotelle, à quel point tu aimes
590 le petit Robin, mon cousin, ce joyeux compagnon. Maudite soit celle qui mentira !

MARION.

Ma foi, je ne mentirai pas à ce sujet. Je l'aime, sire,
d'un amour si sincère que je n'aime autant aucune de
mes brebis, pas même celle qui a agnelé.

LE ROI.

595 Par le saint Dieu [1], celui-là est bien aimé ! Je veux
que ce soit connu de tous.

1. Voir note 1, page 17.

GAUTIER.

Marotte, il t'est arrivé un grand malheur ! Le loup emporte une brebis !

MARION.

600 Robin, cours-y vite, cher ami, avant que le loup ne la mange !

ROBIN.

Gautier, prêtez-moi votre massue ; et, à coup sûr, vous allez voir un vaillant garçon. Haro ! au loup ! au 605 loup ! au loup ! Est-ce que je ne suis pas le plus hardi des vivants ? Tiens, Marotte.

MARION.

Hélas ! la malheureuse ! comme elle revient mal en point !

ROBIN.

Mais regarde comme elle est crottée !

MARION.

Et comment tiens-tu cette bête ? Elle a le cul du côté de la tête.

ROBIN.

610 Ça ne fait rien : c'est à cause de la hâte avec laquelle je l'ai prise. Marotte, tâte donc par où le loup l'avait saisie !

GAUTIER.

Regarde plutôt comme elle est bleue ici.

MARION.

Gautier que vous êtes grossier !

ROBIN.

615 Marotte, prenez-la dans vos mains, mais faites bien
attention qu'elle ne vous morde !

MARION.

Non, car elle est très sale ; laissez-la plutôt aller
paître.

BAUDON.

620 Sais-tu de quoi je veux parler, Robin ? Si tu aimes
autant Marotte que tu en as l'air, sache que je te con-
seillerais de la prendre pour femme, si Gautier y con-
sentait.

GAUTIER.

Cela me va.

ROBIN.

Et moi, je le veux bien.

BAUDON.

625 Épouse-la donc.

ROBIN.

Là, est-elle tout à moi ?

BAUDON.

Oui, personne ne te le reprochera.

MARION.

Hé ! Robin, que tu me serres fort ! Ne sais-tu pas t'y
prendre plus doucement ?

BAUDON.

630 C'est étonnant que ces deux-là ne fassent pas envie
à Perrette !

PÉRONNELLE.

A qui ? A moi ? Je ne connais personne au monde qui se soit jamais soucié de moi.

BAUDON.

Alors, en vérité, cela arriverait peut-être, si tu osais en faire l'expérience.

PÉRONNELLE.

635   Avec qui ?

BAUDON.

Avec moi ou avec Gautier.

HUART.

Plutôt avec moi, très douce Perrette.

GAUTIER.

Oui, mon ami, à cause de ta musette [1] ? Tu n'as rien au monde de plus de valeur. Mais moi, j'ai au moins
640   un cheval de trait, un bon harnais, une herse et une charrue, et puis je suis le maître de notre rue ; j'ai aussi une tunique et un surcot [2] de la même étoffe ; et ma mère a aussi un bon hanap [3] qui me reviendra à sa
645   mort, et une redevance en grain qui lui vient d'un moulin à vent, et une vache qui nous rapporte, par jour, beaucoup de lait et de fromage : est-ce que je ne suis pas un bon parti, dites, Perrette ?

PÉRONNELLE.

650   Si, Gautier, mais je n'oserais fréquenter personne, à cause de mon frère Guiot, car vous et lui êtes deux sots, et il pourrait vite en naître une querelle.

1. Voir note 2, page 14.
2. Voir note 1, page 30.
3. Ici hanap en bois.

GAUTIER.

655   Si tu ne veux pas de moi, peu m'importe. Occupons-
nous de ces autres noces.

HUART.

Dis-moi, qu'as-tu ici dans ces bosses ? [1]

PÉRONNELLE.

Il y a du pain, du sel et du cresson. Et toi, as-tu
quelque chose, Marion ?

MARION.

660   En vérité, non ; demande à Robin, sauf du fromage
et du pain qui nous sont restés de ce matin, et des
pommes qu'il m'a apportées. En voici, si vous en voulez.

GAUTIER.

665   Et qui veut deux jambons salés ?

HUART.

Où sont-ils ?

GAUTIER.

Les voici tout près.

PÉRONNELLE.

Et moi, j'ai deux fromages frais.

HUART.

Dis, de quoi sont-ils ?

PÉRONNELLE.

De brebis.

1. Huart désigne ici la poitrine de Péronnelle (cf. note 1, p. 15).

ROBIN.

Et moi, mes amis, j'ai des pois rôtis.

HUART.

670 Crois-tu être quitte pour si peu ?

ROBIN.

Non, j'ai aussi des pommes cuites. Marion, veux-tu
en avoir ?

MARION.

Rien de plus ?

ROBIN.

Si.

MARION.

Dis-moi donc bien ce que tu m'as mis de côté.

ROBIN.

675 *J'ai encore un de ces pâtés* [1]
Qui est bien gras,
Que nous mangerons, Marotte,
Bouche à bouche, et vous et moi.
Et vous Marotte, attendez-moi ici,
680 *C'est ici que je viendrai vous parler.*
Marotte, veux-tu que je t'en donne davantage ?

MARION.

Oui, par Dieu.

ROBIN.

Je te dis aussi :
Que j'ai un de ces chapons
Qui a un croupion gros et gras,

---

1. On appréciait beaucoup le pâté au Moyen Âge, qu'il s'agisse du
pâté de lapin, de pigeon ou de gibier (cerf — chevreuil — faisan).

4

685 *Que nous mangerons, Marotte,*
Bouche à bouche, et vous et moi.
Et vous Marotte, attendez-moi ici,
C'est ici que je viendrai vous parler.

MARION.

Robin, reviens donc vite près de nous.

ROBIN.

690 Volontiers, ma douce amie ; et vous, mangez pendant
que je m'en irai, c'est ce que vous avez de mieux à faire.

MARION.

Robin, nous te ferions injure. Apprends que je veux
t'attendre.

ROBIN.

695 Non pas, mais fais ici étendre ta casaque en guise de
nappe, et mettez dessus vos victuailles, car je vais revenir tout de suite.

MARION.

700 Mets d'abord ta casaque, Perrette, car elle est plus
blanche que la mienne.

PÉRONNELLE.

Certes, Marotte, je le veux bien, puisque c'est votre
désir ; tenez, la voici toute prête, étendez-la où vous
voulez.

HUART.

705 Allons, chers amis, apportez vos vivres ici, s'il vous
plaît.

PÉRONNELLE.

Regarde, Marotte, je vois là-bas, il me semble, Robin qui revient.

MARION.

710   En effet ; et il revient tout en dansant. Qu'en penses-tu ? N'est-ce pas un joyeux drille ?

PÉRONNELLE.

Certes, Marotte, il est bien fait, et il se donne du mal pour faire tes volontés.

MARION.

Regarde les joueurs de cornet [1] qu'il amène.

HUART.

Où sont-ils ?

GAUTIER.

715   Vois-tu ces jeunes gens qui tiennent ces deux grands cornets [1] ?

HUART.

Par le saint Dieu [2], je les vois bien.

ROBIN.

Marotte, je suis arrivé. Tiens. Dis-moi donc, m'aimes-tu de tout ton cœur ?

MARION.

Oui, vraiment.

---

1. Ancien instrument à vent, en cuir ou en bois, percé de trous et très proche du hautbois qui le remplaça au milieu du XVIIᵉ siècle.
2. Voir note 1, page 17.

ROBIN.

720   Je te remercie beaucoup, ma sœur, de ne pas refuser
de l'avouer.

MARION.

Hé ! Qu'est-ce que c'est que cela ?

ROBIN.

Ce sont des musettes [1] que j'ai prises dans ce village.
Tiens, regarde quelle belle petite chose !

MARION.

725   Robin, assieds-toi ici, veux-tu. Et ces compagnons
s'assiéront là.

ROBIN.

Volontiers, chère et douce amie.

MARION.

Faisons donc tous fête. Prends ce morceau, cher et
doux ami.
Hé ! Gautier, à quoi pensez-vous ?

GAUTIER.

730   Certes, je pensais à Robin car, si nous n'avions pas
été cousins, je t'aurais certainement aimée, car tu es
très bien faite. Baudon, regarde le beau corps que voici.

ROBIN.

735   Gautier, ôtez votre main de là : ce n'est pas votre
amie.

1. Voir note 2, page 14.

GAUTIER.

En es-tu déjà jaloux ?

ROBIN.

Oui, certes.

MARION.

Ne crains rien, Robin.

ROBIN.

Et pourtant, je vois bien qu'il te pousse !

MARION.

740   Gautier, de grâce, tenez-vous tranquille, je ne me
soucie pas de vos plaisanteries. Occupons-nous plutôt
de notre fête.

GAUTIER.

Je sais très bien chanter des chansons de geste. Vou-
lez-vous m'entendre chanter ?

ROBIN.

745   Oui.

GAUTIER.

Arrange-toi donc pour qu'on m'écoute.
Audigier, dit Raimberge, je vous dis bouse [1].

ROBIN.

Hé ! Gautier, je n'en veux pas davantage. Fi ! Dites,
serez-vous toujours le même ? Vous chantez comme un
dégoûtant personnage.

---

1. Vers extrait d'une célèbre parodie des chansons de geste dont il
reste 517 vers consacrés aux exploits d'Audigier et de ses parents.

GAUTIER.

750 Ce sot qui blâme mes belles paroles plaisante mal à
propos. N'est-ce pas une bonne chanson ?

ROBIN.

Certainement pas.

PÉRONNELLE.

De grâce, faisons la farandole, et Robin la conduira,
755 s'il veut, et Huart jouera de la musette [1], et ces deux
autres-ci du cornet [2].

MARION.

Otons donc vite ces choses. De grâce, Robin, conduis-la
donc.

ROBIN.

Ah ! Dieu ! Que tu me donnes du souci !

MARION.

760 Allons, doux ami, je te prends dans mes bras.

ROBIN.

Alors tu vas me voir conduire en maître, parce que
tu m'as pris dans tes bras ; mais auparavant nous aurons
dansé nous deux, nous qui dansons bien.

MARION.

765 Soit, puisque cela te plaît ; allons-y et mets la
main à ton côté. Dieu ! Robin, que c'est bien dansé !

1. Voir note 2, page 14.
2. Voir note 1, page 51.

ROBIN.

C'est bien dansé, ma petite Marotte ?

MARION.

770 Assurément, tout mon cœur bat de joie de te voir si bien danser.

ROBIN.

Maintenant je veux conduire la farandole.

MARION.

C'est bien, par Dieu, mon doux ami.

ROBIN.

Allons, chers amis, levez-vous et tenez-vous les uns 775 les autres, j'irai en tête. Marotte, prête-moi ton gant [1], je conduirai avec plus d'ardeur.

PÉRONNELLE.

Dieu ! Robin, que c'est bien mené ! Tu mérites d'avoir les louanges de tous.

ROBIN.

Suivez-moi, suivez le sentier,
780 *Le sentier, le sentier près du bois.*

---

1. Parodie des mœurs chevaleresques, les dames, aux tournois, offraient aux chevaliers, comme gages d'amour, leurs manches ou leurs gants.

TABLE

Imprimé en Suisse